ICH WAR IMMER EIN HUNDENARR. ICH MOCHTE NUR HUNDE, UND SIE LIEBTEN MICH. DANN DRÜCKTE MIR JEMAND AUF EINER PARTY EINE KATZ IN DIE HAND. NUR 'NE KLEINE KATZ. UND ICH PROBIERTE ES. GAR NICHT ÜBEL, GANZ ANGENEHM SOGAR. ALSO LEGTE ICH MIR NOCH EINE ZU. UND NOCH EINE UND NOCH EINE.....

Katz

['Kats], die; *auch:* Katze (*lat.* FELIS), Säugetiergattung aus d. Ordnung d. Raubtiere u. d. Familie der Katzen (*lat.* FELIDA); Zehengänger mit kräftigem, zum Sprung befähigtem Leib, kugeligem Kopf auf starkem Hals u. mäßig hohen Beinen; 1. *auch:* → Kätzchen ⟨Vkl.⟩, → Mieze ⟨ugs.⟩, Mäuse vertilgendes Haustier (*lat.* F. DOMESTICA); 2. . . .

Von B. Kliban
Bei Rogner & Bernhard

Die Originalausgabe erschien unter dem Titel ›Cat‹
bei Workman Publishing Company, New York

Gestaltung Paul Hanson

Die deutschen Texte zeichnete
Nikola Wachsmuth

Druck: R. Oldenbourg Graphische Betriebe GmbH München
Printed in Germany

ISBN 3-8077-0138-9

Für Norton, Nitty und ihre Mutter Noko Marie, die Schlange,
sowie Burton Rustle, zwischenzeitlich verschwägert.

Wie man eine Qatz malt

KATZ
MAU?
WAU!

Wanda & ihre Katzen

GRAND CHAMPION
Burton Rustle

Winzige Katz & Füllfeder

MEIN KATZ IST DICK
MEIN KATZ IST FETT
ICH BRAT SIE MIR
ALS KATZELETT

KATZ
MIAU?
MIU.

Katz-Colt

Noko Marie

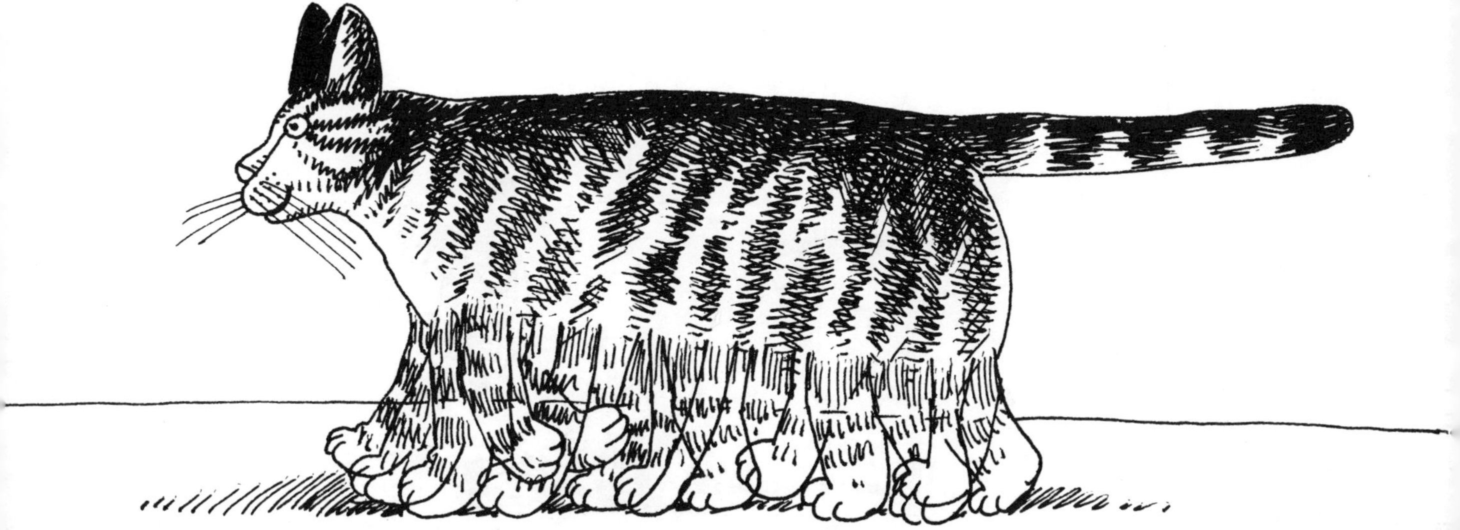

KATER

WAU!
'NE TOLLE MIEZE.

KITTY

Schnurrdose

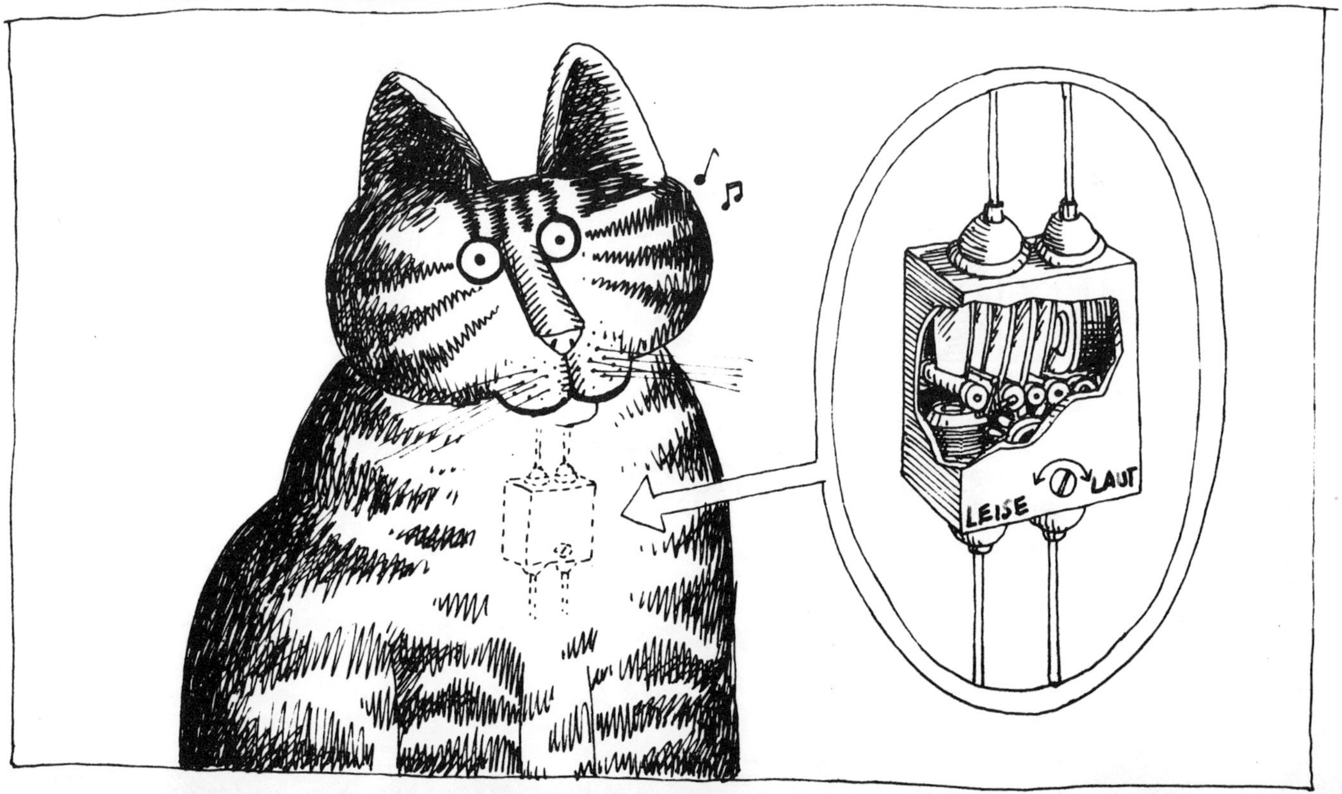

Mao
Mausi Tung

BKliban

Burton Nov 72

HONK
HONK
BLAT
WAK WAK
WAK WAK WAK
UNGOW!

Wie man eine Qatz malt

1. MALE EINEN KREIS

2. MALE NOCH ZWEI KREISE

3. OHREN UND SCHWANZ

4. DREH DAS GANZE UND FERTIG IST DIE QUATZ!

Fig 1.

MANN BESCHWINDELT EINE KATZ

Katzensprache

ANHÄNGLICHE KATZ

Schinken für die Katz

CAT
CAT

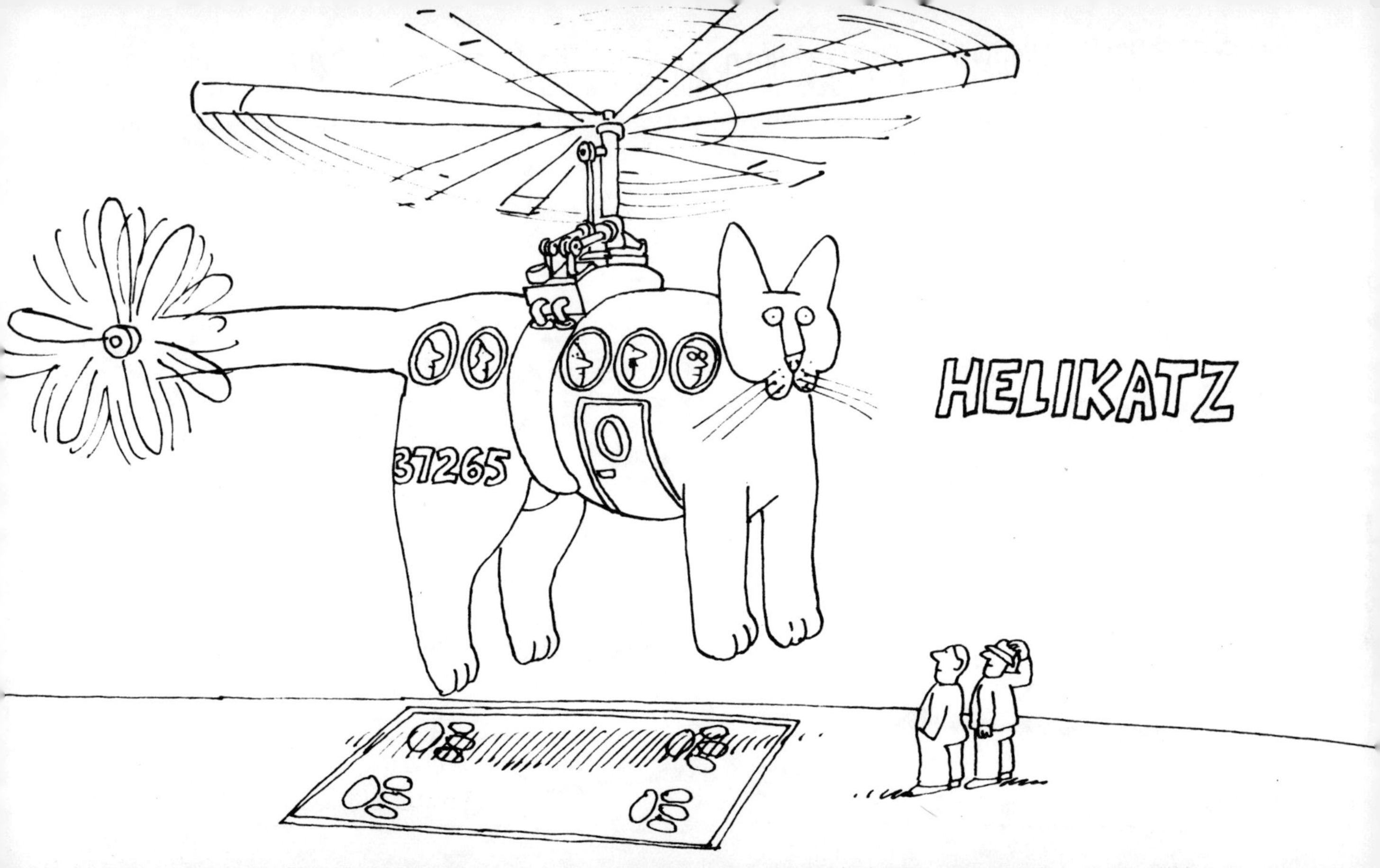
HELIKATZ
37265

ABERGLAUBE · KATZ IM ALL BRINGT KUMMER UND QUAL.

Neunschwänzige Katz

Der lästige Schinkenklau

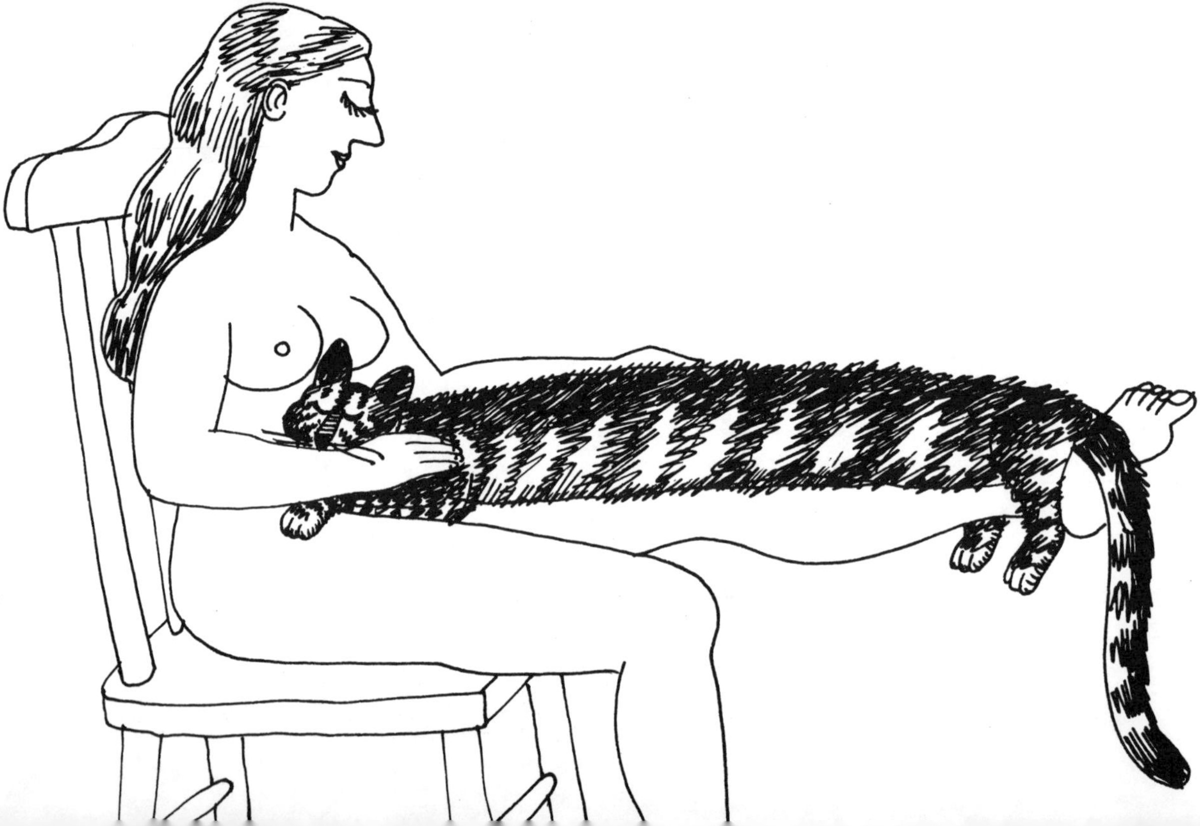

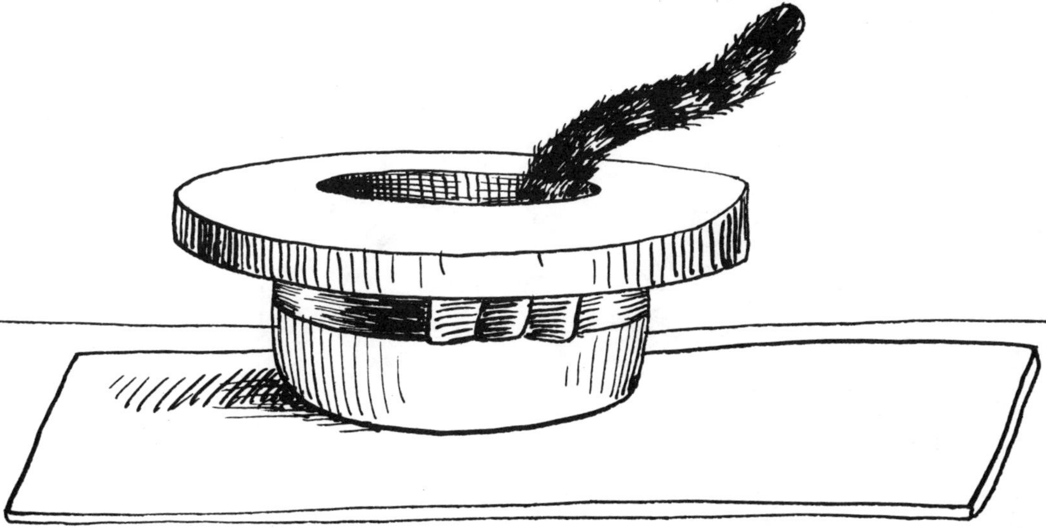

Katz im Hut tut selten gut

Nit & der Schinkenbaum

MAUSIS HAB' ICH ZUM FRESSEN GERN
ZUM FRESSEN HAB' ICH MAUSIS GERN
REISS' DIE KÖPFCHEN RUNTER
KNABBER' AN DEN PFÖTCHEN MUNTER

Pfotenfertigkeit

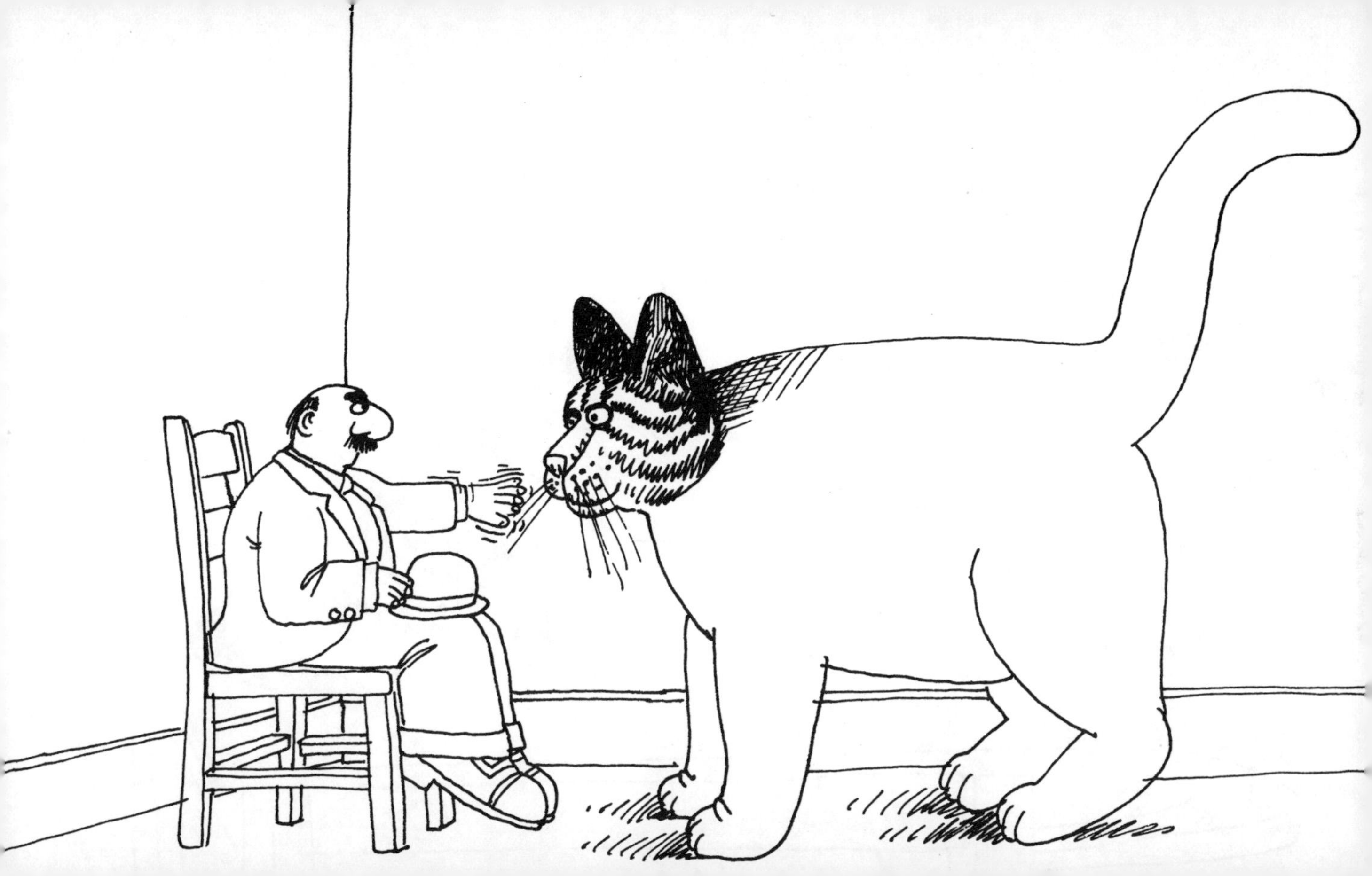

KATZ!
QATZ.
BRAVE KATZ!

KATZ UND BEINBRUCH

Katz & Sohn

SCHÖN STRUPPIGER STROLCH

KATZ
WAU, WAU!

....FLINK WIE EIN WIESEL,
HAT DIE SCHLAUE KATZ
MEIERS KÄSEBROT GEGESSEN.

SEIT WIR UNSERE
DURCHSCHAUBARE KATZ
HABEN, MACHT SELBST DAS
3. PROGRAMM SPASS!

verkaterte
Katz

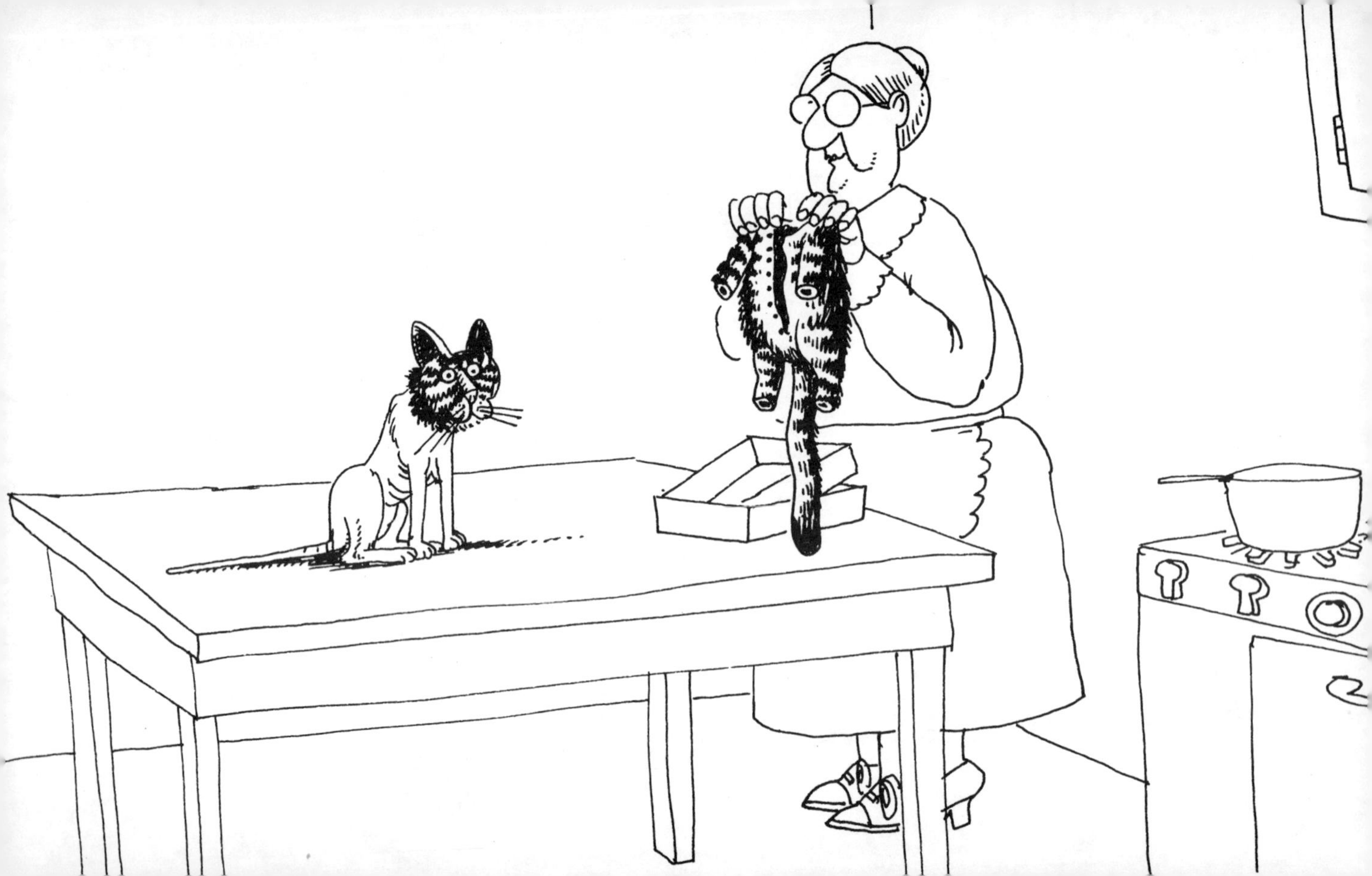

ZOLL

Quatre Cinq!

SOMMER
SCHWANZ
VERKAUF

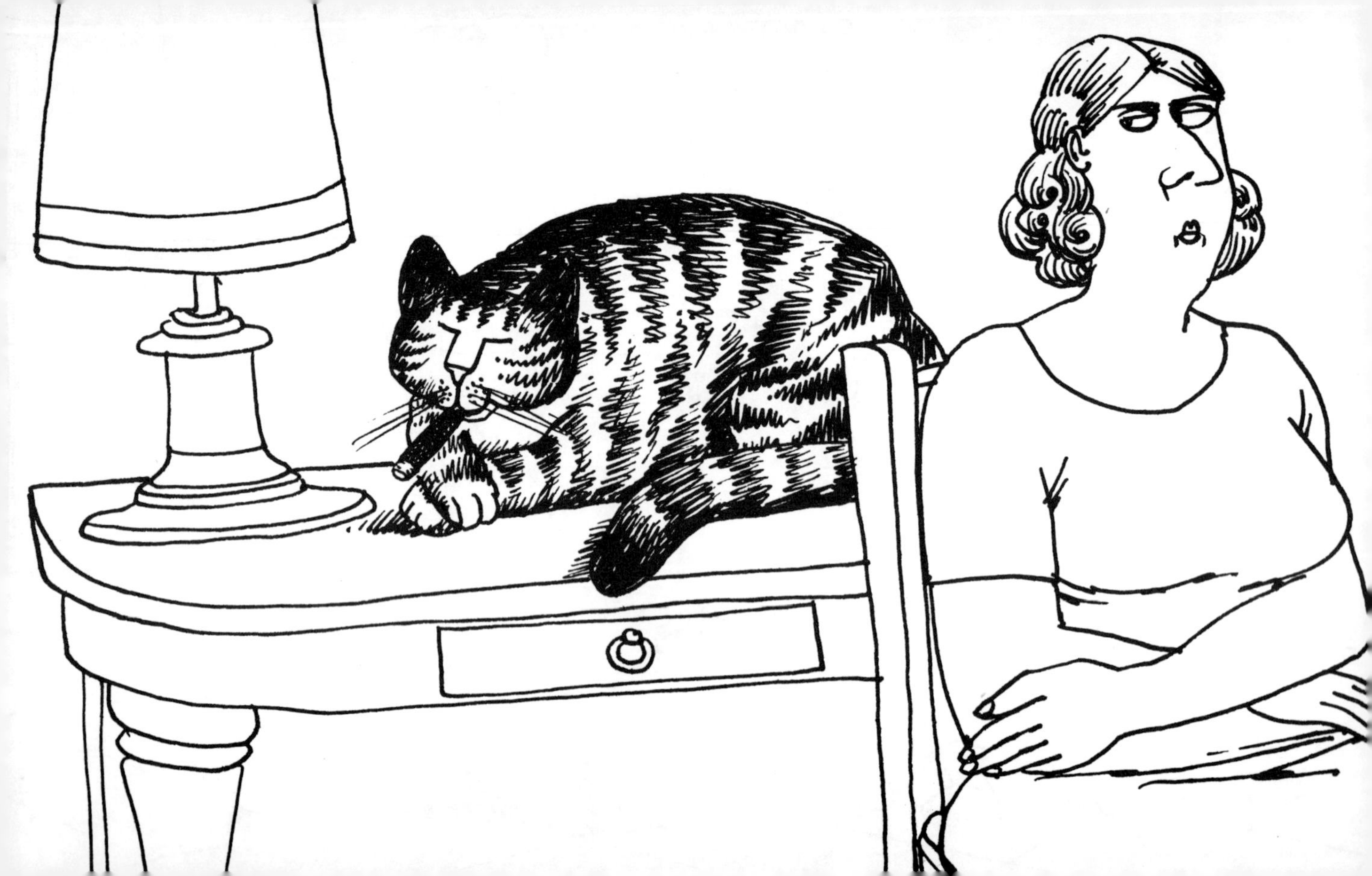

KITTY
MIAU
MIAU
MIAU
MIAU

DAS WIRD EIN GUTES JAHR, FRAU.
SIEH DIR NUR DIESE SCHNURRHAARE AN!

AUSGANG

So wird's gemacht

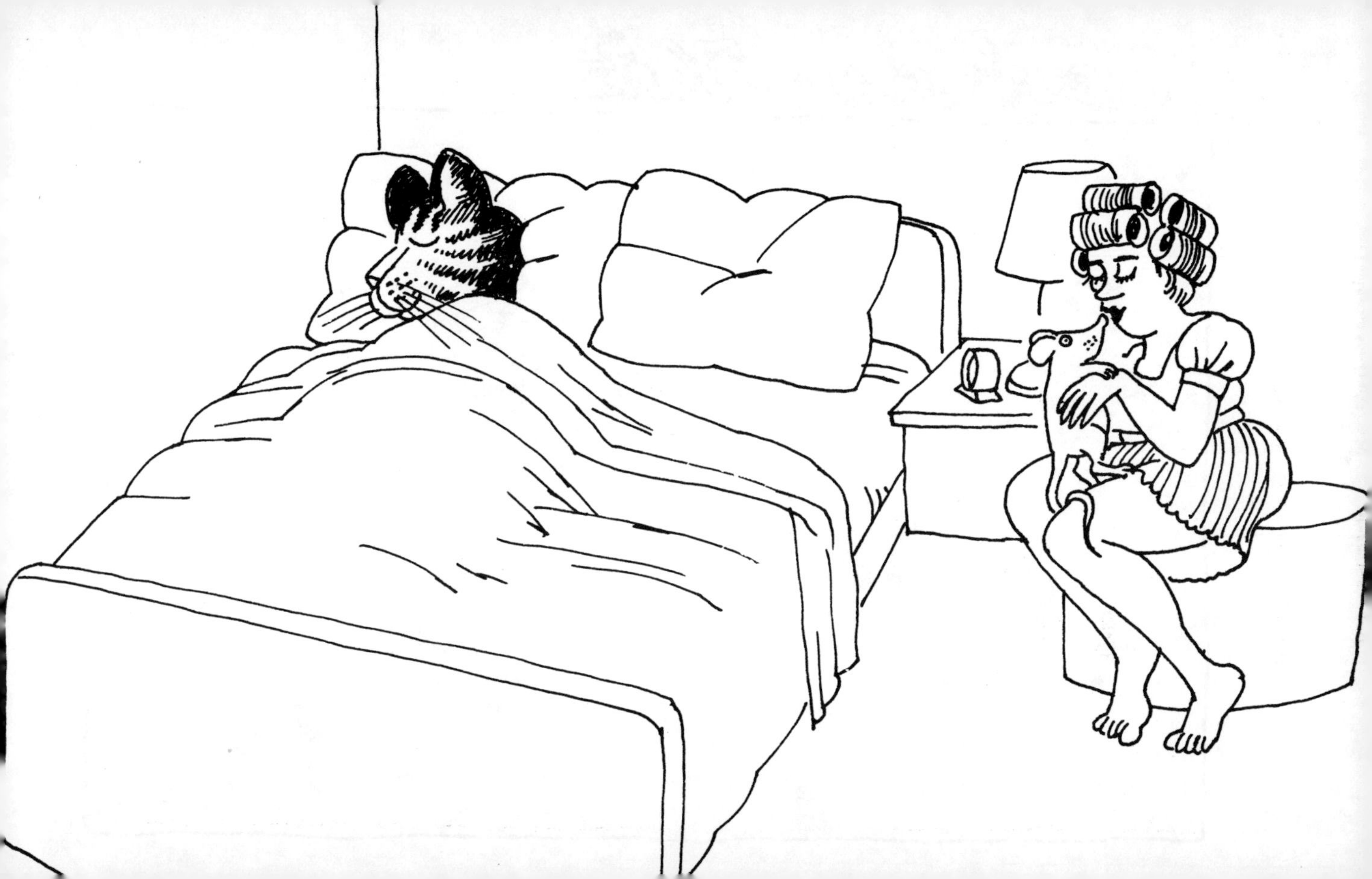

Nasenhocker-Katz

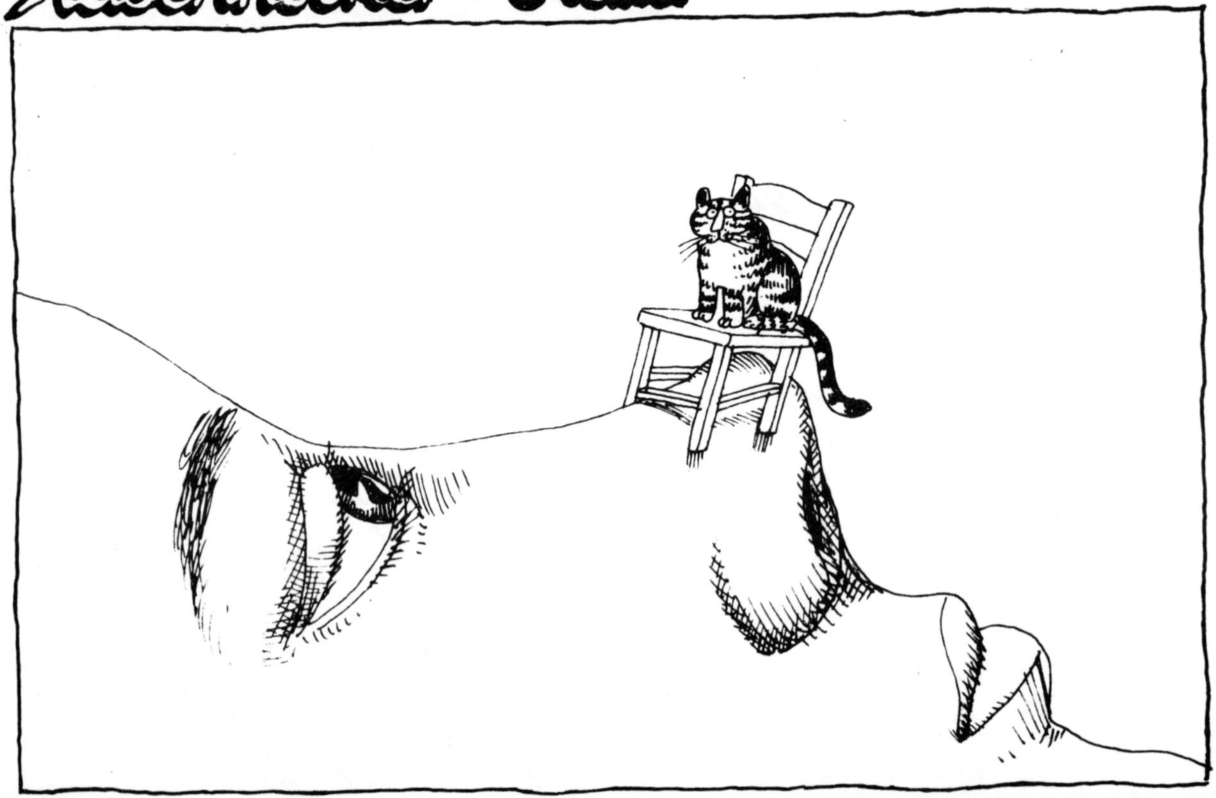

... HIER GEFÄLLT'S MIR, JUNGS! ICH LIEBE NEW JORK! DIE EINZIGE STADT, WO RÄUBER NACHTS NICHT SICHER SIND! MEIN HOTELZIMMER WAR SO WINZIG, DASS DIE FLÖHE SICH KLEIN MACHEN MUSSTEN! SPASS BEISEITE......

RÄTSEHAFTE KLEINE WESEN, NICHT WAHR?

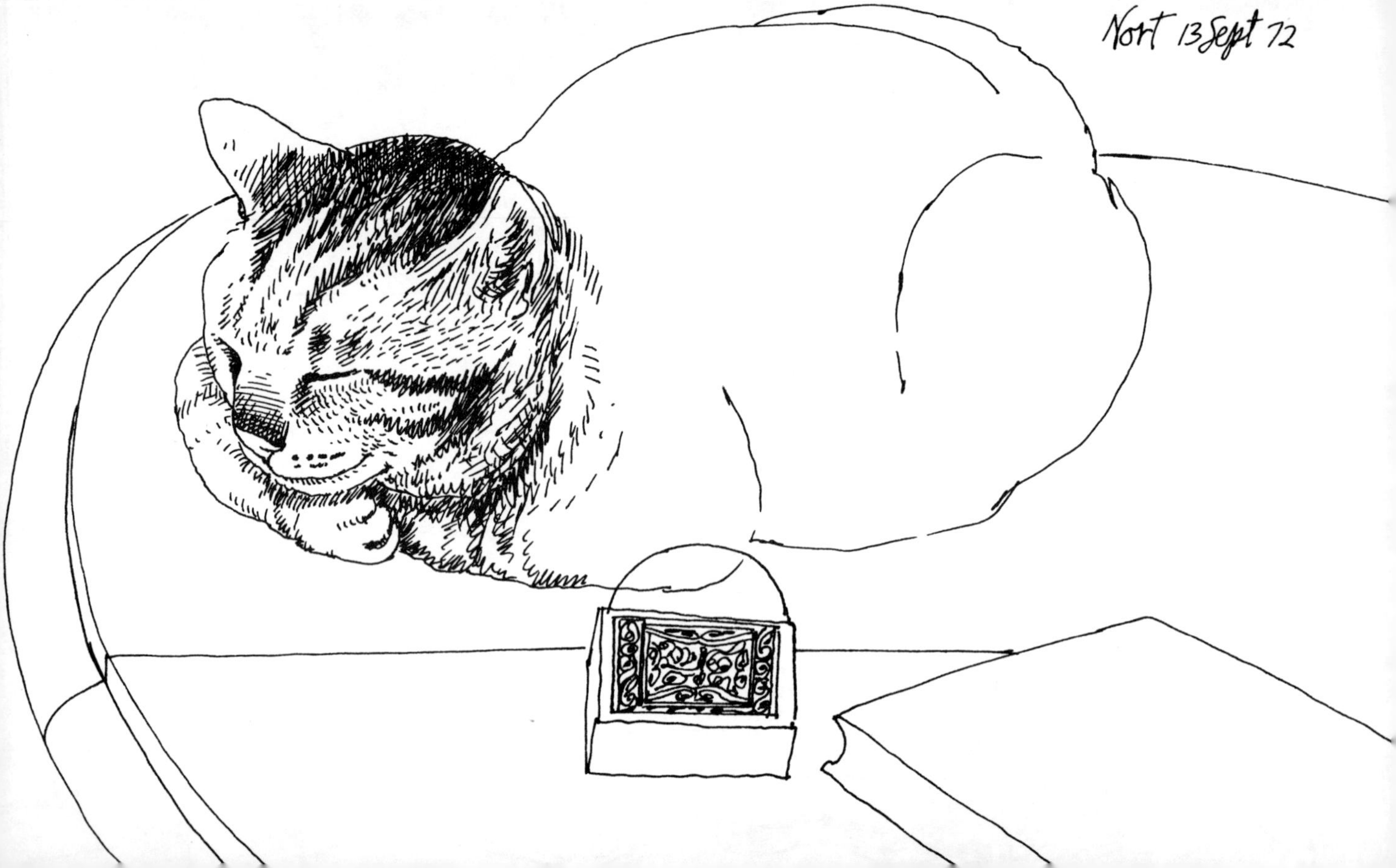
Nort 13 Sept 72

UNTERSCHIED ZWISCHEN KATZ UND FALSCHEM HASEN

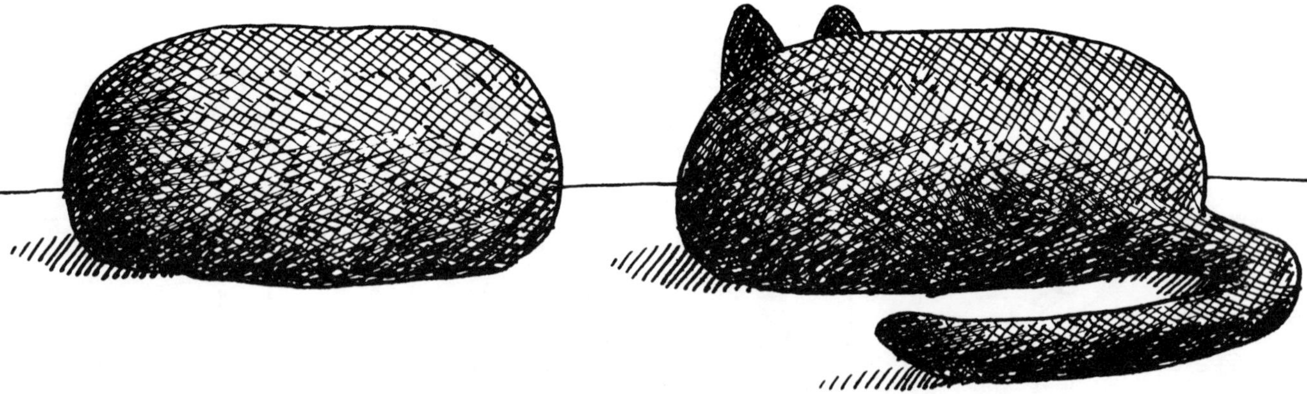

Fig. 1

Fig. 2

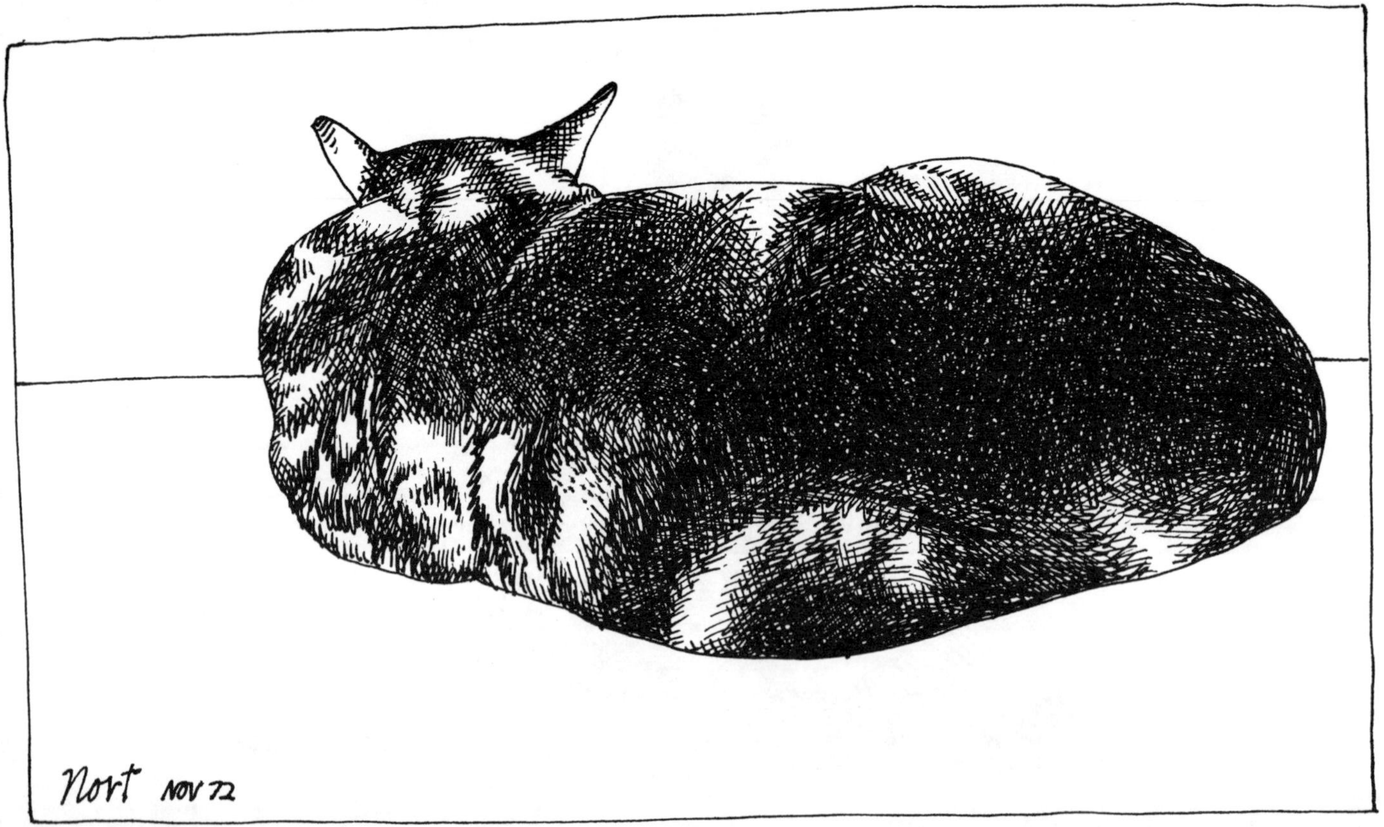
Nort NOV 72

Katzen!

...WAS ICH NOCH SO MAG AN EUCH JUNGS, IST, DASS IHR SO FABELHAFTE HAUSTIERE SEID!

Katzen

GROSS GRÖSSER AM GRÖSSTEN

BURTON

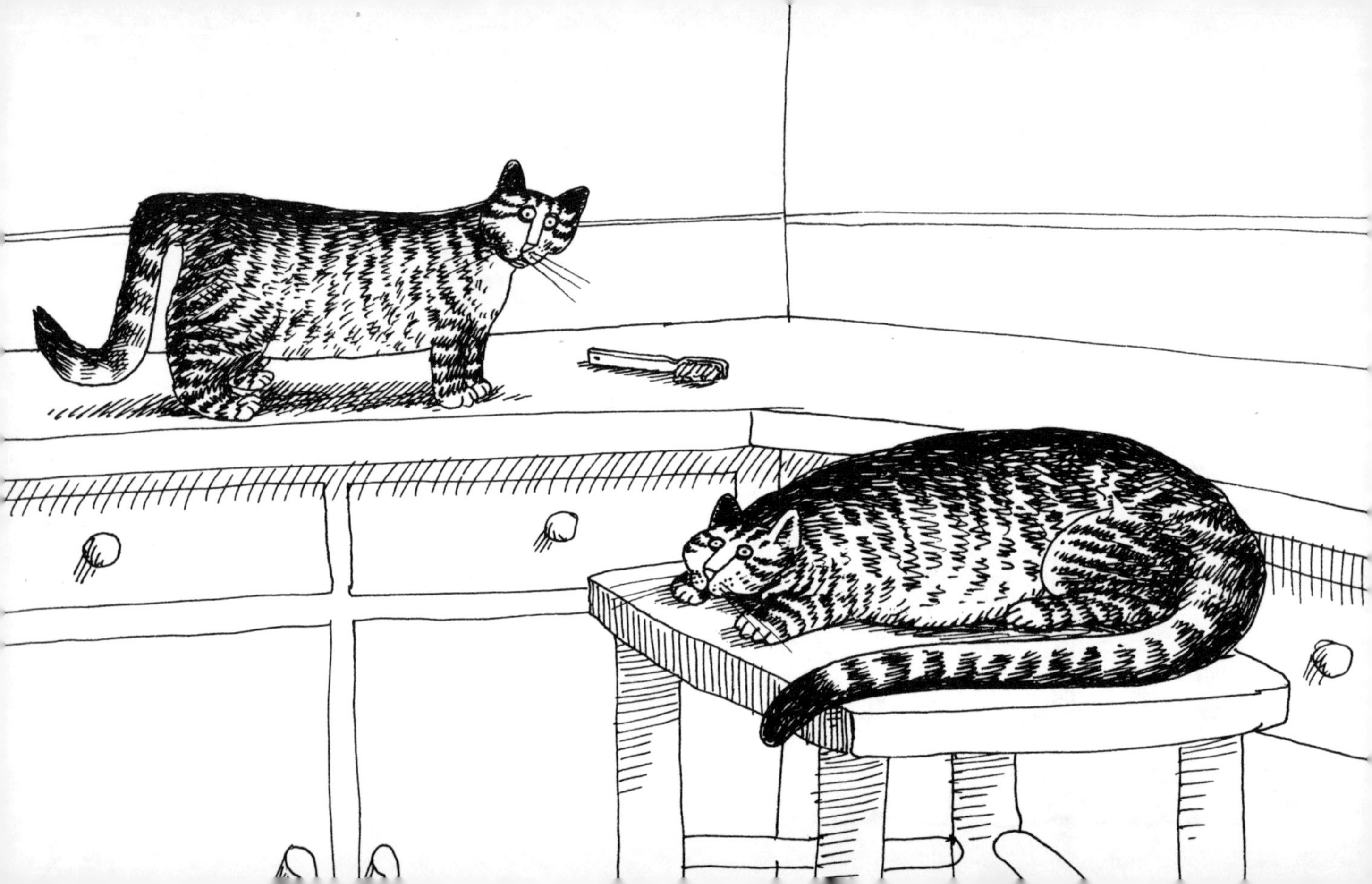

Burton Rustle
20 Apr 74

miau

IN ETWA 2 WOCHEN HAB ICH DIE TEILE.
KATZEN-DIENST

Nit & Burt gleichzeitig

HAB ICH DIR NICHT GESAGT,
DU SOLLST DIE HUNDE ANSPANNEN?

Katzbeuge

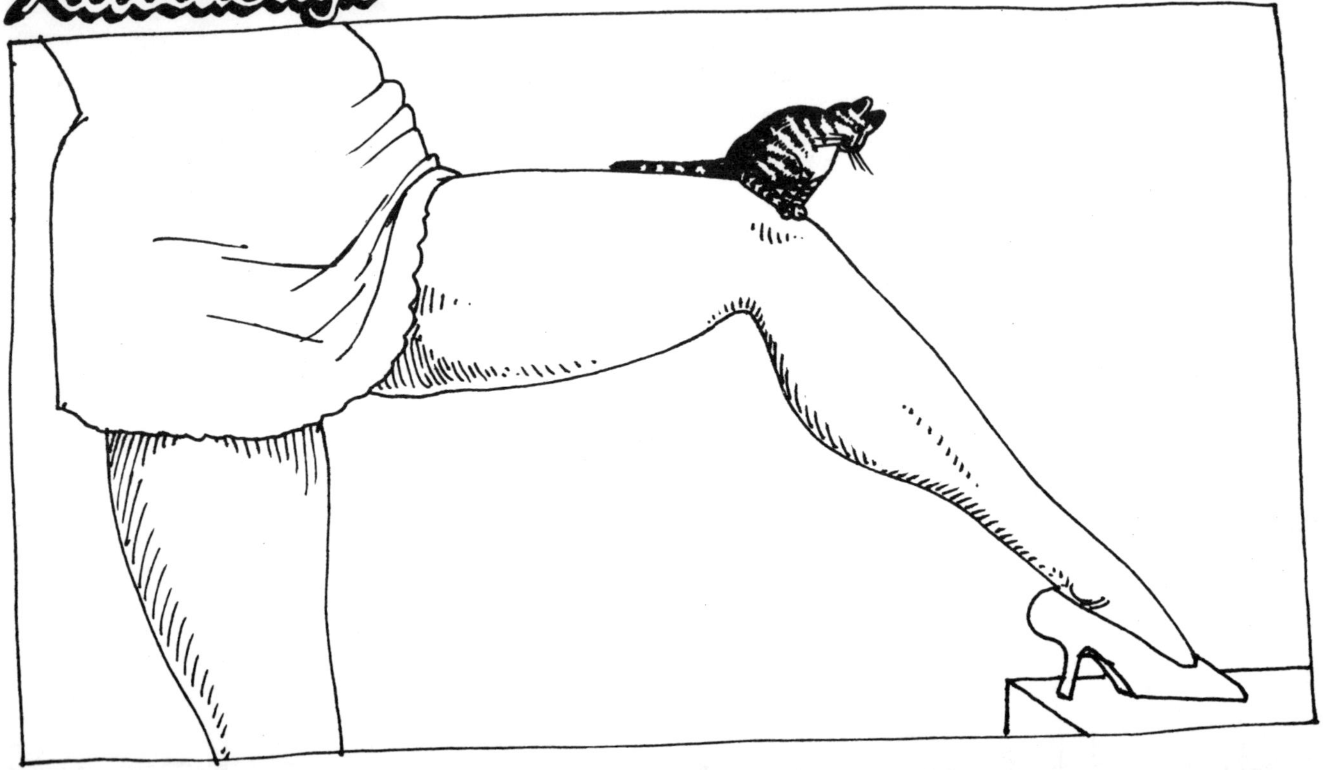

DICKE NITTY

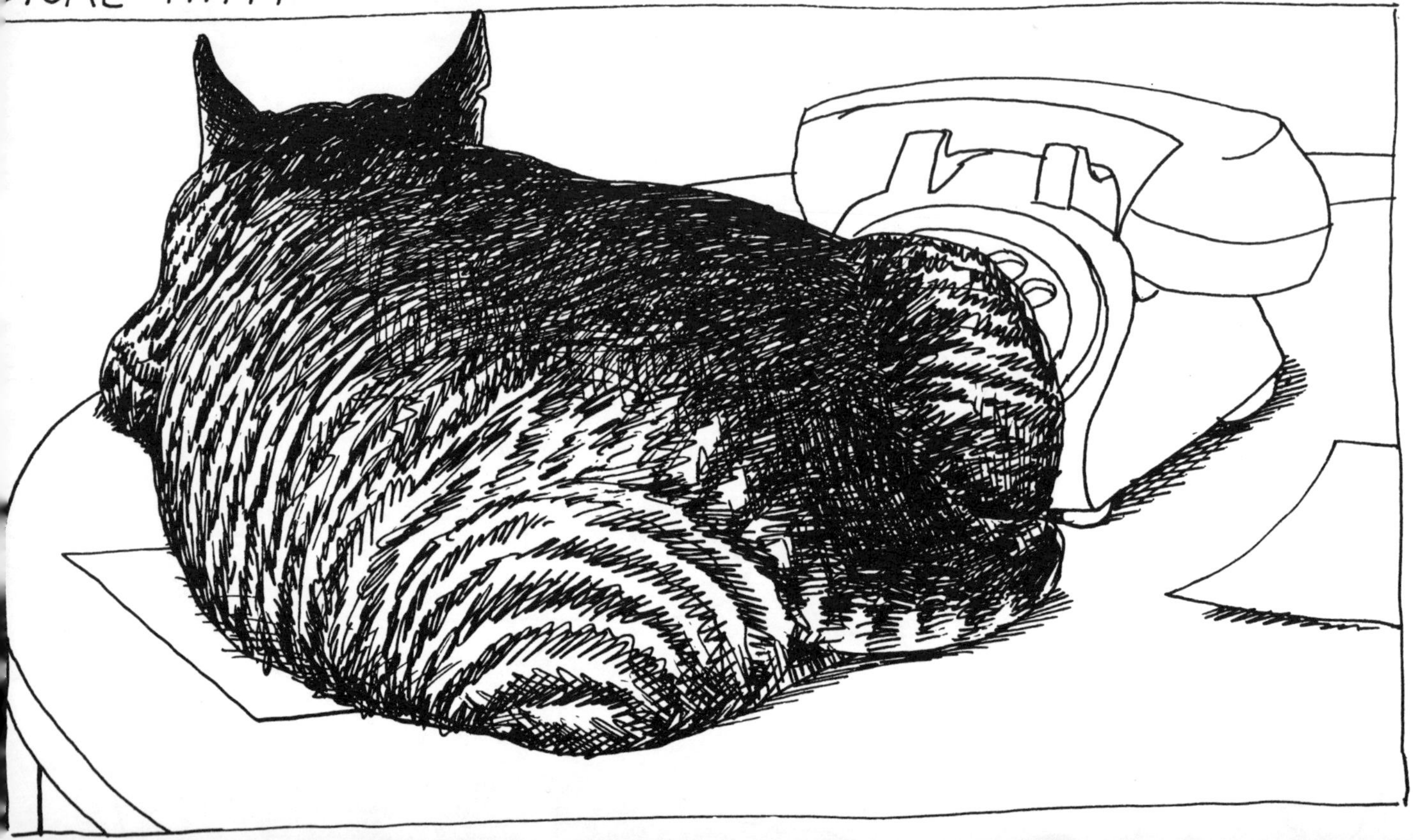

KITTY

KATZ KANN SEHN WAS DU NICHT SIEHST

SIAMESISCHER KORB-KATZEN-KAMPFANZUG

BRIEF
KATSEN

KÖNNT ICH DIR DEN MOND ZU PFOTEN LEGEN!

Wie man eine Qatz malt